« Le navire de la Franc-Maçonnerie, cinglant vers l'Idéal, vogue inlassablement sur la mer des idées et des réformes. Je fais aujourd'hui le point sur la mer immense. »

FR∴ G. SOULIÈ

« Union de Belleville »

Juillet 1926.

QU'EST=CE QU'UN F∴ M∴ ?

> « Nous sommes la vraie vérité de la vie. »
>
> Henri BATAILLE.

Le parfait F∴ M∴ est le frère du genre humain. Il ne pourra pas être absolument heureux tant qu'il existera sur la terre un seul homme souffrant par la faute des hommes, et c'est pour cela qu'il travaille au bonheur de l'humanité plutôt que de travailler à son propre bonheur.

Sa famille, c'est l'humanité toute entière. Il ne hait aucun de ses semblables. Il aime et il glorifie les bons. Quant aux méchants, il les plaint et il essaie de les ramener doucement dans les voies de la raison et de la bonté.

Le F∴ M∴ est un constructeur. Pour abriter tous ses frères, les hommes, il édifie la cité d'harmonie et d'amour dont le plan idéal est gravé dans son cœur. Cette construction splendide ne sera jamais terminée, car le F∴ M∴ ne la trouvera jamais parfaite, et il travaillera afin qu'elle soit plus belle aujourd'hui qu'hier, durant tous les hiers et tous les aujourd'hui que les hommes vivront encore.

Et ses efforts ne seront pas vains, car la cité deviendra toujours plus merveilleuse, et, en elle, l'immense famille du fraternel ouvrier vivra de jour en jour plus heureuse et plus unie.

LE F∴ M∴ ET SES FACULTES MENTALES

> « Le jour n'est pas plus pur que le fond de mon cœur. »
>
> Victor HUGO.

En lui et hors de lui, dans sa L∴, dans son foyer familial, dans son bureau, dans son chantier, dans son usine, partout où son activité maç∴ ou sa profession s'exerce, le F∴ M∴ construit la cité d'harmonie et d'amour.

La raison est son guide et la justice son but. Son esprit n'est jamais assez cultivé. Sa vie et son cœur ne sont jamais assez purs. Il doit s'améliorer sans cesse, intellectuellement et moralement, car, plus il approchera de la perfection, et plus il pourra rendre de services à l'humanité. Il deviendra aussi le parfait honnête homme, l'individualité supérieure capable de tous les devoirs et de toutes les abnégations, l'être vraiment humain capable de servir d'exemple à ses semblables, le F∴ M∴ absolument digne de cette franc-maçonnerie qui l'a accueilli couvert de toutes les boues du monde profane et l'a purifié dans des flots de lumière et d'affection.

LE F∴ M∴ ET SES FACULTES PHYSIQUES

> « Guenille si l'on veut, ma guenille m'est chère. ».
>
> MOLIÈRE.

Le F∴ M∴ travaille au bonheur de l'humanité.

Or, un homme ne sera jamais complètement heureux s'il n'est pas bien portant.

Donc, le F∴ M∴ doit travailler à la santé de l'humanité.

D'autre part, la santé et la robustesse de chaque individu importent à la collectivité, car qui dit santé précaire dit aussi travail moindre et intellectualité diminuée.

Avouons d'abord que nous sommes partiellement responsables de notre santé car si elle dépend de notre hérédité, de notre tempérament, de notre constitution physique et de mille circonstances extérieures contre lesquelles notre volonté ne peut la préserver, elle dépend aussi de notre conduite. En effet, nos excès, nos dérèglements en ce qui concerne la nourriture, la boisson, le sommeil, le coït, tout cela pèse lourdement sur notre santé... Et de tout cela nous sommes en grande partie responsables.

Le F∴ M∴ doit donc veiller à ce que sa conduite ne compromette pas sa santé. Il doit, d'autre part, préserver cette dernière par l'hygiène et la développer par des exercices physiques appropriés à sa constitution et à son tempérament.

LE F∴ M∴ AU FOYER FAMILIAL

> « Il n'est plus pour les deux qu'une âme en paix heureuse qui ne forme plus qu'un corps et un être. »
>
> LOPE DE VÉGA.

Le mariage n'est pas une institution définitive parce que divine. Comme toutes les œuvres humaines, il est sujet à révision et à évolution. Il a eu un commencement et, vraisemblablement, il aura une fin.

Toutefois, il est actuellement préférable à l'union libre car, dans la société d'aujourd'hui, il accorde aux nôtres, compagne et enfants, plus de considération et de sécurité.

La femme n'est pas une vassale, ni une servante. Elle n'est pas non plus un vulgaire instrument à plaisir. Elle est l'égale de l'homme, et celui-ci doit la considérer comme la compagne douce et aimante à laquelle il a confié tout son cœur et une bonne part de son esprit. Il lui doit protection et amour.

Le F∴ M∴ doit aimer ses enfants plus que lui-même puisque ce sont eux qui continueront un jour l'œuvre frat∴ qu'il a assumée.

Tout comme à sa compagne, il doit leur inspirer, ainsi que l'a dit notre fr∴ Mirabeau « les sentiments qui sont la base de notre ordre et les vertus sans lesquelles lui-même n'y aurait pas été reçu ».

LE F∴ M∴ ET LA PATRIE

« Un peu d'internationalisme éloigne de la Patrie. Beaucoup d'internationalisme y ramène. »

Jean JAURÈS.

L'idée de patrie a évolué depuis sa naissance. Elle évoluera encore, et la patrie disparaîtra sans doute comme ont disparu le clan et la province.

En attendant, le F∴ M∴ doit tâcher de rendre frat∴ les relations des patries entre elles. Il doit soutenir tout ce qui peut les rapprocher et notamment la Société des Nations.

Nul ne doit s'enorgueillir d'appartenir à telle ou telle patrie, ni médire de la patrie des autres. Les patries ne valent que par les services qu'elles ont rendus à l'humanité.

Nous devons aimer notre patrie comme une mère. Non pas avec la fébrile exagération des patriotards et des va-t'en-guerre, mais avec la ferveur et le désintéressement dont nos ff∴ de 89 et de 92 : Danton, Kléber, Desmoulins, et tant d'autres, nous ont jadis donné l'exemple.

LE F∴ M∴ ET DIEU

> « Dieu créa l'homme à son image. »
>
> GENÈSE, 1-27.
>
> « L'homme le lui a bien rendu. »
>
> Fr∴ VOLTAIRE.

Il n'est pas nécessaire d'être athée pour être un parfait F∴ M∴.

Bien que la majorité des F∴ M∴ français ne croient pas à l'existence d'un Etre Suprême, il n'est pas souhaitable que l'entrée des temples soit fermée pour les déistes. Pour être admis, il suffit à ces derniers d'être sincères, honnêtes et amis du progrès. Or, l'on rencontre des déistes sincères et honnêtes... voire même anticléricaux. Témoin : Victor Hugo. On peut aussi rencontrer des prêtres qui soient athées.

On voit donc à quel point il est important de ne pas confondre déisme avec cléricalisme. Le premier peut être la source de toute vertu. Le second ne peut produire qu'oppression et obscurantisme.

Paix donc, et bon accueil aux croyants sincères, mais guerre à ceux qui, dans un but de domination, abusent de la croyance des autres.

Quant aux relations entre le cœur d'un F∴ M∴ et ce Dieu qui existe peut-être mais ne se montre jamais, ce Père qui ne nous épargne aucun fléau, elles doivent se borner à celles que Vigny a énoncées en vers:

> « Muet, aveugle et sourd au cri des créatures
> « Si le Ciel nous laissa comme un monde avorté,
> « Le juste opposera le dédain à l'absence,
> « Et ne répondra plus que par un froid silence
> « Au silence éternel de la Divinité. »

LE F∴ M∴ ET LES RELIGIONS

> « La religion est l'opium du peuple. »
>
> LÉNINE.

Comme la croyance en Dieu est respectable dans les âmes, la pratique des religions est respectable dans la société humaine. Seulement, il est indispensable que les ministres des religions ne se mêlent, en tant que prêtres, que de guider les âmes dans les voies de la religion.

D'autre part, nul ne peut nier que les religions ont possédé jadis un grand pouvoir civilisateur. Malheureusement, elles ne sont plus aujourd'hui que des agents de régression.

Il faut donc opposer à tous les dieux moribonds et à toutes les religions désuètes, la croyance en la trinité idéalement et éternellement jeune : le vrai, le beau, le bien.

Enfin, les religions ne sont plus que des instruments de domination dont se servent les prêtres... Et de ceux-ci, que faut-il en penser ?

LE F∴ M∴ ET LES PRETRES

> « Il viendra un temps où vous ne mettrez plus de bornes à votre orgueil et à votre ambition, où vous ne vous occuperez plus qu'à accumuler des richesses et à vous faire du crédit, où vous négligerez la pratique des vertus ; alors il n'y aura puissance sur la terre qui puisse vous ramener à votre première perfection, et s'il est possible de vous détruire, on vous détruira. »
>
> SAINT-FRANÇOIS DE BORGIA.

Il est venu le temps annoncé par le 3e général des Jésuites. Aujourd'hui l'antique humilité des prêtres s'est changée en orgueil. Leur ambition se borne à régner en ce monde et non dans l'autre. Ils ont accumulé les richesses. Ils ne sont plus les amis et les guides des pauvres et des simples. Ils sont puissants entre les puissants de la terre Les maréchaux et les généraux, la presque totalité du corps des officiers sont en leurs mains des instruments dociles, des séides prêts à toutes les besognes de meurtre et à tous les attentats contre les institutions populaires. En leurs écoles, ils répandent une instruction de haine et de mensonge dans l'âme de l'enfance et de la jeunesse. Mauvais bergers, ils cherchent leur bien propre et non celui du malheureux troupeau que Dieu leur a, paraît-il, confié. Ils sont les alliés fervents et habiles de ces illustres financiers, de ces mercantis cyniques dont l'or monstrueux a été ramassé dans le sang des peuples, de cette internationale des banquiers, féodalité moderne qui gouverne les gouvernements et contre laquelle nos Parlements ne peuvent rien.

Jésus a chassé les marchands du temple. Les prêtres les y ont réinstallés à la place d'honneur. Les serviteurs du doux Nazaréen baisent les pieds sanglants du Veau d'Or.

Les prêtres, dont les apparentes vertus ne sont plus qu'hy pocrisie, sont les plus infâmes suppôts de tout ce qui obscurcit et opprime. Ils seraient avec joie les étrangleurs de la raison humaine. Entre eux et nous, c'est un combat sans merci. La lutte de la lumière et des ténèbres. Chevaliers de la bonté et de la raison, soutiens des humbles, apôtres de la liberté, notre devoir est de combattre les prêtres. Et si un jour il est possible de les détruire, c'est nous qui les détruirons.

LE F∴ M∴ ET LA GUERRE

> « Deux armées qui se battent,
> c'est comme une grande armée qui
> se suicide. »
>
> Henri BARBUSSE.

La guerre est un assassinat légal, un homicide élevé à sa millionième puissance. L'humanité anthropophage s'y dévore elle-même. Elle s'y épuise et s'y énerve, y perd sa jeunesse sa force, sa virilité, sa richesse, sa splendeur. Elle n'y conquiert qu'une infamie sinistre... en attendant qu'elle y conquière la mort.

Le F∴ M∴ veut épargner à l'humanité cette abjection et ce suicide. Il sait que « mourir pour la Patrie n'est pas le sort le plus beau, le plus digne d'envie », car il est bien plus difficile de vivre longuement et péniblement pour une noble cause que de mourir pour elle.

Il n'a pas peur de la mort (et ses ff∴ de 92 morts pour la Liberté des peuples l'ont bien montré). Il n'est pas atteint de vaine sensiblerie, mais, frère du genre humain, il se sent comptable du sang et des souffrances de tous ses frères, les hommes. Il a fait sien le cri de protestation de la C. G. T « Guerre à la guerre! » Il veut épargner les larmes des mères, les misères des petits orphelins. Il s'est penché sur le vieil adage « Si tu veux la paix, prépare la guerre ». Et, ayant été convaincu par trop d'expériences de son ineptie meurtrière, il l'a biffé d'un large trait de plume et l'a remplacé par celui-ci: « Si tu veux la paix, prépare la paix ».

Collaborant depuis son initiation à la civilisation du monde, il tient à tout prix à sauver cette dernière. Enfin il ne veut plus que le soir d'une bataille, le poète en sanglots, se penchant sur le champ de carnage, trempe sa plume dans le sang des martyrs et écrive:

« Victorieux, vaincus, fantassins, cavaliers,
Les voici, maintenant, blêmes, muets, farouches,
Serrant les dents, les poings fermés et les yeux louches.
Dans la mort furieuse étendus par milliers.

La pluie, avec lenteur, lavant leurs pâles faces,
Aux pentes du terrain fait murmurer ses eaux
Et dans la morne plaine où tourne un vol d'ioseaux
Le ciel d'un soir sinistre estompe au loin leurs masses.
Tous les cris se sont tus, les râles sont poussés.
Sur le sol bossué de tant de chair humaine,
Aux premières lueurs du jour, on voit à peine
Se tordre vaguement des corps entrelacés.
Et là-bas, au milieu de ce massacre immense,
Dressant son corps roidi percé de coups de feu,
Un cheval jette au vent un rauque et triste adieu
Que la nuit fait courir à travers le silence.
O, boucherie ! ô, soif du meurtre ! acharnement
Horrible ! Odeur des morts qui suffoque et qui nâvre,
Soyez maudits devant ces cent mille cadavres
Et la stupide horreur de cet égorgement !

LE F∴ M∴ ET L'ARMEE

> « A tous ceux dont la Patrie
> prend le sang, non pour le verser,
> mais pour le soumettre, dans l'obs-
> cure paix des chaix militaires, aux
> tares du mouillage et de la sophis-
> tication. »
>
> Lucien DESCAVES.

Pour justifier l'existence des armées permanentes, on nous assure que tout près de nous il existe des impérialismes dont... des appétits qui... des nations de proie qui attendent le moment propice pour nous sauter à la gorge.

Mais le F∴ M∴ sait bien ce que valent ces affirmations souvent peu désintéressées. Il n'ignore pas que tous les pays s'accusent mutuellement d'impérialisme. Il se rend compte qu'il n'existe pas des nations de proie, mais que, dans chaque nation vit un immense troupeau de pauvres gens qui ne demande qu'une chose: ne pas être conduit à l'abattoir, mais aussi, hélas ! qu'à côté de ce troupeau paisible se dresse, dans chaque Etat, une sinistre et puissante minorité d'impérialistes, de financiers inassouvis dont les machinations et les intérêts contradictoires amènent les conflits et les guerres.

Et, ayant constaté tout cela, le F∴ M∴ éprouve une invincible répugnance pour cette armée, puissante organisation soi-disant nationale qui a la peur pour base et le mensonge pour excuse.

D'ailleurs, l'armée, cause de dépenses inouïes, est fonciè-
rement inutile, car le plus humble des tâcherons est plus précieux pour l'économie nationale qu'un maréchal de France.
L'armée est aussi une cause de guerre car la nation la plus
forte a toujours la tentation d'abuser de sa force. En temps
de paix, l'armée se souvient parfois que cette force qu'elle
détient peut facilement primer le droit. De là, les pronuncia-
mento et les coups d'Etat. De là, Napoléon le Grand et Napoléon le Petit. De là Primo de Rivera... et tous les Augustes...
et tous les Augustules. De là aussi, le peuple réclamant son
droit au pain quotidien, fusillé et broyé en de sinistres fins
de grèves.

Tout cela, le F∴ M∴ ne peut pas le vouloir, ni l'excuser.
Et c'est pour tout cela que, faute de meilleur remède, il vou-
drait tout au moins que le jour où cela deviendrait nécessaire
au salut de la Démocratie, le jeune ouvrier ou le petit paysan
que l'on habille en soldat ait suffisamment conscience de son
devoir pour refuser l'obéissance à l'élève des curés qui se
déguise en officier de la République.

LE F∴ M∴ ET L'ECOLE

> « Nous savons que nos ennemis
> crient depuis des siècles qu'il faut
> tromper le peuple ; mais nous
> croyons que le plus bas peuple est
> capable de connaître la vérité. »
> Fr∴ VOLTAIRE.

Tous les enfants ont un droit égal à l'instruction. De là-haut,
le soleil n'éclaire pas plus parcimonieusement les enfants des
pauvres que ceux des riches. Chaque petit homme prend de sa
lumière tout ce que ses yeux peuvent en percevoir. Or l'ins
truction est le soleil de l'âme. Elle doit être prodiguée gratui-
tement et obligatoirement à tous. Les différences de la rétine
jouent seules devant le soleil. Devant lui, les passereaux cli-
gnent des yeux... Mais les aigles le fixent. Les différences de
l'esprit doivent seules jouer devant l'instruction ; chacun
devant en recevoir une quantité proportionnée à ses facultés
mentales.

La sélection qui détermine ceux qui appartiendront demain
aux classes que l'on appelle « dirigeantes » ne se fera plus
seulement dans les rangs des favorisés de la fortune, mais
dans les rangs de la collectivité entière, sans aucune distinc-
tion. Cette sélection sera meilleure puisqu'elle s'étendra sur
un bien plus grand nombre de sujets. Et demain les classes

dirigeantes vaudront mieux qu'aujourd'hui... et la nation aussi. Demain, chacun sera instruit d'après son vrai mérite. Le cancre ne sera plus docteur, parce que fils à papa. L'enfant du pauvre pourra donner toute sa mesure... et, pour le plus grand bien de tous, devenir un génie, si son esprit le lui permet.

Seulement le F∴ M∴ se demande s'il est bon de laisser une instruction ainsi organisée aux mains de ceux qui ont intérêt à ne pas la répandre. Ceux qui tiennent à laisser s'éterniser la nuit, doivent-ils être chargés d'allumer les lumières? Non, certainement. On travaille mal, quand on travaille contre soi-même. Quand on est obligé de parler contre son intérêt, on a la tentation de mentir et de dire du mal de son adversaire. Or le mensonge et la haine doivent être bannis de l'école, et même des pages des livres d'histoire. Dans les âmes toutes blanches de nos petits enfants on ne doit semer que ces deux choses sublimes et durables: la vérité et l'amour.

LE F∴ M∴ ET LA PROPRIETE

> « Qu'est-ce que la propriété en général ? C'est le droit que tous ont donné à un seul de posséder exclusivement une chose à laquelle, dans l'état naturel, tous avaient un droit égal, et, d'après cette définition générale, qu'est-ce qu'une propriété particulière? C'est un bien acquis en vertu des lois. »
>
> Fr∴ MIRABEAU.

A l'origine, tous les biens de la terre appartenaient à tous les hommes. En droit naturel, il en est évidemment de même aujourd'hui. La volonté publique exprimée par la loi, a seule pu opérer la renonciation de tous au profit d'un seul ; et c'est donc la loi seule qui constitue la propriété.

Le bon citoyen, qui doit obéissance aux lois, doit donc respecter les propriétés que celles-ci constituent et protègent. Mais, pas plus que la loi, la propriété n'est intangible. Toutes deux sont sujettes à révision et à évolution et, en matière de loi comme en matière de propriété, il n'est évidemment qu'un souverain: l'Etat, c'est-à-dire la volonté nationale.

La propriété n'est excusable que lorsqu'elle est la résultante d'un effort personnel de son détenteur. C'est pourquoi le F∴ M∴ est partisan de la révision du droit d'héritage. Des fortunes énormes se transmettent en ligne collatérale. Quels efforts ont fait les héritiers pour les mériter? Ils ont pris la peine de naître? Beaumarchais a déjà dit le peu que vaut cet argument.

La propriété n'est plus respectable dès qu'elle devient oppressive. Le riche n'a pas le droit d'empêcher le pauvre de disposer de lui-même comme il l'entend.

Certains financiers usent aujourd'hui du pouvoir que leur donnent leurs biens immenses pour contrecarrer les projets de la nation. Pour eux, les gouvernements sont peu de chose et les Parlements ne sont rien. La suprême loi, ce n'est plus ia volonté du peuple, mais la puissance de leur or. A cause d'eux la République n'est plus qu'une ploutocratie.

Le F∴ M∴ pense qu'il est temps de faire cesser de pareils agissements. Le gouvernement qui réussira à changer cet état de choses aura son approbation entière... même s'il saisit ces fortunes criminelles... même s'il emprisonne leurs coupables possesseurs.

LE F∴ M∴ ET LE FASCISME

> « Liberté, Liberté chérie,
> « Combats avec tes défenseurs !.. »
> ROUGET DE LISLE.

Tous les partis de réaction se préparent pour un coup de force qu'ils croient possible. Ligues d'Action française, Sociétés de préparation militaire, Boy-scouts, Ligues des Chefs de section, Faisceaux, Centuries, etc..., tout cela s'organise en plein jour, sous l'œil débonnaire du gouvernement qui voit tout... et ne dit rien. Les cannes plombées et les matraques se mêlent aux revolvers et aux fusils de guerre dans les arsenaux de ces cohortes militairement organisées. Certaines d'entre elles reçoivent des subsides du Ministère de la Guerre, au titre de l'Education physique et de la Préparation militaire. Les moyens financiers ne leur font pas défaut... la haute finance s'intéressant tout spécialement à elles... ainsi d'ailleurs que tous les militaristes, la plupart des militaires de carrière, et tout le clergé. Leurs chefs sont connus. Des tracts, des appels à l'insurrection signés d'eux couvrent les murs.

La Franc-Maçonnerie, mère de la République, veille sur l'avenir de son insouciante fille, qui certes est loin d'être parfaite. Mais, malgré tout, elle est de la famille, et nous ne voulons pas qu'il lui arrive malheur.

C'est pourquoi le F∴ M∴ suit avec attention et bienveil-
lance le mouvement antifasciste auquel il donne son adhésion
formelle ou, tout au moins, son adhésion de cœur. Il sait que
les syndicats ouvriers sont la plus grande et la plus sûre force
dont dispose l'antifascisme. Ce qui le gêne, c'est de voir pul-
luler dans le camp des adversaires toutes ces sociétés soi-
disant sportives (boy-scouts, préparation militaire, tir, patro-
nages, etc...) et de s'apercevoir qu'il n'y a rien d'équivalent
dans le camp de ses amis.

Mais, somme toute, il est fermement résolu, si cela devient
nécessaire, à tout sacrifier pour la sauvegarde de la République, non pas à cause du peu qu'elle vaut aujourd'hui, mais
parce qu'elle représente pour lui les espoirs les plus radieux

LE F∴ M∴ ET LES SPORTS

> « Tes paroles me plaisent. Ta
> force veut prouver la vertu qui te
> suit partout. »
>
> HOMÈRE.

Un très fort mouvement entraîne la jeunesse vers la pratique des sports. Devons-nous nous réjouir ou nous désoler de
ce mouvement? C'est discutable. Mais, en tout cas, il existe
et il est puissant.

Jusqu'à aujourd'hui la Franc-Maçonnerie ne l'a ni soutenu, ni combattu. Mais elle n'en a tiré aucun profit, tandis
que l'Eglise a su merveilleusement l'utiliser pour l'organisation et le recrutement des milices fascistes. Le résultat est tel
qu'actuellement le sport est, à peu près entièrement, dans les
mains des partis de réaction.

Ceci n'est pas la faute du sport lui-même, mais seulement
la faute de la façon dont le mouvement sportif a été conduit
jusqu'ici en France: les hommes de réaction s'intéressant seu's
à lui, tandis que les hommes de progrès le raillaient ou le
combattaient.

Et pourtant, les résultats très importants obtenus par
l'Eglise (recrutement de la jeunesse, diffusion des idées, etc.),
la Franc-Maçonnerie pourrait encore les obtenir, car il ne faut
pas confondre sport et militarisme, éducation physique et
réaction.

Il est des organisations sportives communistes. Témoin: la
Fédération Sportive du Travail. Il en existe d'autres à ten-
dances socialistes. Exemple: l'Union des sociétés sportives et

gymniques du travail. De nombreux sportifs sont républicains, voire F∴ M∴. Tels sont les membres du groupement frat∴: l'Amicale des Sportifs, présidée par le F∴ Marcel Delarbre.

Ceux-ci forment le petit noyau que grossiront demain de nombreux FF∴. Et lorsque les F∴ M∴ seront nombreux dans les clubs, ceux-ci ne seront plus redoutables pour la République, mais ils pourront peut-être le devenir pour la réaction.

LE F∴ M∴ ET LES SYNDICATS OUVRIERS

« Combien de fois n'avons-nous pas souri tristement en entendant parler de la richesse inépuisable de la France, de l'abondance des fortunes, nous, travailleurs, ouvriers, intellectuels, hommes et femmes qui, depuis que nous sommes nés, nous épuisons à la tâche pour gagner de quoi ne pas mourir de faim, souvent pour ne pas le gagner, pour voir les meilleurs de nous succomber à la peine, — nous qui sommes l'élite morale et intellectuelle de la nation ! »

Romain ROLLAND.

Dans le monde profane, les syndicats ouvriers sont actuellement la plus grande force dont dispose la démocratie. Auprès d'eux, les partis politiques sont peu de chose. Aujourd'hui, les préoccupations économiques passent au premier plan qu'occupaient au commencement du siècle les questions politiques. L'avenir de la Républiques est dans les mains des syndicats, car les travailleurs vont vers eux en bien plus grand nombre que vers les organisations purement politiques.

Les femmes elles-mêmes adhèrent en masse aux syndicats. Il est vrai qu'elles ne peuvent presque pas adhérer ailleurs. Et ce n'est pas une mince gloire pour les syndicats que d'avoir ainsi, les premiers, recueilli, éduqué, guidé cette moitié la moins comprise du monde du travail. Eux-mêmes, et le peuple tout entier, en retireront demain un avantage certain.

Il est des gens qui regardent les syndicats avec répugnance. Dame, les ouvriers manquent d'éducation et de tenue ! Et si l'on serre parfois la main calleuse de l'un d'eux, c'est par pure condescendance. Ah, les belles qualités maç∴ que voilà! L'on ne fait pas pour rien partie d'une élite! Et c'est indiscutablement la faute du travailleur, si, à son égard, la société a été avare d'éducation... comme de nourriture!

Il est d'autres personnes qui vont, répétant sans cesse: « O, le syndicat ne se conduit pas toujours comme je le voudrais. Alors, je le lâche. » Triste excuse que celle-ci, et qui cache trop souvent la peur de l'effort à produire, quand ce n'est pas la faiblesse des convictions. Lâcheriez-vous la F∴ M∴ pour une raison semblable?... On n'adhère pas à une organisation quelconque pour le simple plaisir de voir triompher son point de vue, qui d'ailleurs peut être mauvais. Démocrate, il faut savoir se plier à la loi de la majorité, sans pour cela renoncer à faire triompher les idées que l'on croit bonnes.

Somme toute, nul ne peut aujourd'hui se dire bon républicain et, à plus forte raison, bon F∴ M∴ s'il n'est, à la fois, syndiqué et syndicaliste. Et la Franc-Maçonnerie doit donner toute l'aide possible et toute la lumière désirable aux syndicats ouvriers, car ce serait pour elle une lâcheté inqualifiable que d'abandonner le peuple luttant pour la conquête du Bien-Etre et de la Liberté.

FRANC-MAÇONNERIE ET REVOLUTION

« L'homme riche s'appelle presque toujours Caïn. »
Oscar WILDE.

Profondément républicaine, la Franc-Maçonnerie n'admet aucune dictature. Pas plus celle des fascistes que celle du prolétariat. Absolument respectueuse de la vie humaine, elle ne peut pas approuver les coups de force sanglants. Constructive, elle n'est pas révolutionnaire. Elle préfère une évolution paisible et certaine, rapide, autant que possible, à une révolution brutale certainement, et à résultat douteux. Elle n'admet pas davantage la guerre entre les classes que la guerre entre les nations. Elle plaint tout autant Lavoisier que Matteotti. Son idéal serait de voir, dans le monde profane, les classes fraterniser comme elles fraternisent dans ses Loges. Mais, hélas! la Franc-Maçonnerie sait que ce rêve n'est pas près d'être réalisé. Son idéalisme ne l'empêche pas de regarder en face les tristes réalités. Le monde est divisé en deux camps ennemis, se regardant l'un-l'autre avec colère, s'invectivant, se menaçant. D'un côté, les parias, ouvriers, paysans, tous les prolétaires, les serfs, les miséreux ; ceux qui aspirent à plus de justice et à un peu de bonheur. Certains d'entre eux s'enivrent avec délices du vin aigri des excitations démagogiques et ils exigent la justice intégrale et le bonheur pour tous, immédiatement par n'importe quels moyens. Généreuse folie que la leur ! Et combien excusable et magnifique !... De l'autre côté, en face de ces pauvres gens fatigués de supporter tout le travail et toute la souffrance du monde, se dressent avec morgue et dédain, tous les satisfaits, tous les repus, toute cette coterie peu nombreuse qui prétend jouir éternellement de tous les loisirs et de tout le luxe de la terre. Certes, ce n'est pas eux qui abandonneront leurs privilèges dans une nouvelle nuit du 4 août. Pour cela il leur faudrait un peu de cœur et de raison, un semblant de pitié. Mais, hélas ! ils n'ont que de l'arrogance, de la suffisance et la croyance inouïe qu'ils ne jouissent pas encore de tout le bonheur qui leur est dû.

La Franc-Maçonnerie conseille la patience aux pauvres et la bonté aux riches... la justice à tous. Elle veut espérer encore que la classe des pauvres bougres et la nouvelle féodalité ne s'affronteront pas dans une lutte sanglante et fratricide. Mais si son espérance est vaine, si ce grand combat doit être livré un jour, la Franc-Maçonnerie mettra sans hésitation toutes ses forces et tout son cœur au service des opprimés. Libératrice, elle luttera pour la libération du peuple.

LE F∴ M∴ SUR LES COLONNES

« La Liberté guide nos pas. »
Fr∴ M.-J. Chénier.

La L∴ est la mère unique de tous ses membres. Elle leur a donné mieux que le jour, c'est-à-dire la lumière de la raison.

Aimons et vénérons notre L∴.. Sachons nous sacrifier pour elle.

Respectons les officiers qui la représentent. Ne les déni-

grons pas. Ils ont été désignés par la majorité de nos ff.·.
Ils travaillent pour nous. Leur dévouement est indiscutable ;
le nôtre ne l'égale peut-être pas.

Les officiers sont les lumières de l'At.·.. Leur premier
devoir est donc de nous éclairer par leur intelligence et leurs
travaux. Ils sont nos guides et nos soutiens.

Aucun de nous, ne doit, par vaine gloriole, solliciter un
poste d'officier, à moins qu'il ne soit absolument certain que
les devoirs de sa charge future sont inférieurs à ses capacités.
Chez nous, chacun doit bien être à la place que ses facultés
et son dévouement méritent.

Assistez à toutes les tenues de votre L.·., ou, tout au moins,
excusez-vous avec obole. Le Tr.·. de la V.·. ne doit jamais
être oublié, surtout par les absents. Allez, autant que possible, dans les LL.·., sœurs de la vôtre.

Ayez la fierté de ne pas être les muets perpétuels. Chacun
de nous est capable de quelque chose. Mettez toutes vos con-
naissances au service de vos ff.·.. Travaillez. Polissez la
pierre brute.

Ecoutez les orateurs avec attention et discipline. N'inter-
rompez pas.

Ne soyez pas les éternels bavards. Ne parlez pas pour le
plaisir de vous faire entendre. Ne répétez pas ce qui a déjà
été dit. Ça parle trop, les tonneaux vides. Que derrière vos
paroles, il y ait toujours des idées. Tâchez de ne jamais parler de vous-même. N'amenez jamais des discussions qui peuvent diviser vos ff.·.. Surtout ne sortez jamais du sujet traité.
Savoir se taire est un mérite, car le temps de la L.·. est
précieux: c'est le temps de l'humanité.

Tout en respectant la loi du silence, diffusez l'esprit maç.·.
dans le monde profane. Cultivez dans votre entourage les
idées que vous avez cultivées en L.·..

Pratiquez la solidarité maç.·. sous toutes ses formes. Faîtes
partie des groupes maç.·. professionnels et des groupements
frat.·. de quartier.

Ne faîtes pas du commerce en L.·.. Les marchands ne
doivent pas entrer dans le Temple.

N'admettez pas n'importe qui dans votre L.·.. Soyez
encore plus difficile dans le choix de vos ff.·. que dans celui
de vos amis. Ne recevez pas un profane pour faire plaisir à
ses présentateurs. Ne jugez pas les initiables uniquement sur
leur intelligence, car tout ce qui brille n'est pas or, et le pur
diamant ne resplendit guère lorsqu'il n'est pas taillé.

Surtout, lorsque vous présentez un profane songez uniquement à l'intérêt de la L.·.. Ne cherchez pas à rendre service

à celui que vous présentez... ou à vous-même. Craignez de faire un mauvais maçon. Ne patronnez pas un homme taré. Les tares sont plus contagieuses que les qualités. Songez enfin que, vis-à-vis de vos ff∴, vous êtes moralement responsable du profane dont vous sollicitez l'initiation.

En L∴, vous n'êtes plus un homme, vous êtes un F∴ M∴ qui, frère du genre humain, s'oublie lui-même, ne hait personne et travaille au bonheur de tous.

Songez à tout cela. Travaillez. Aimez.

CONCLUSION

Mes ff∴, j'ai terminé ma tâche.

Dans le champ infini des idées, j'ai cherché à déterminer la place exacte de la Franc-Maçonnerie contemporaine.

Pour cela j'ai tâché de faire abstraction de toute idée personnelle.

Et si, tout en écrivant ces quelques lignes j'ai sapé quelques préjugés illustres et certaines sacro-saintes maximes, je n'ai cherché, en ce faisant, qu'à servir humblement la cause de la vérité.

Enseigner le mensonge, répandre la haine, apprendre à tuer sont des crimes contre l'humanité. J'ai voulu les flageller ici.

J'ai soutenu le Jour contre la Nuit.

Je n'en dirai pas plus. Je confie à vos cœurs de ff∴ ce modeste travail où j'ai mis tout mon cœur.

Or∴ de Paris, Juillet 1926.

G. SOULIÉ,

« Union de Belleville ».

Imp∴ H∴ RICHARD, 8, Rue Milton, Paris (9ᵉ)